GESÙ

Egli venne dal cielo

MAGGIORINA CASTOLDI

Illustrazioni
BRUNO DOLIF

LARUS junior

L'agnellino

L'agnellino che aveva paura dei lupi s'era svegliato all'improvviso e ora si guardava attorno tutto impaurito. Com'era buia la notte! Sul colle di Betlemme non si vedeva nemmeno una luce. Dormivano le pecore, strette le une alle altre attorno al fuoco. E dormivano i cani, acciambellati ai piedi dei pastori.

– *Bee... Bee...* – pianse l'agnellino, strofinando il muso sul pelo soffice e caldo della sua mamma.

Questa socchiuse gli occhi e disse piano: – Che c'è, piccolino? Non fai la nanna?

– No, ho tanta paura.

– Di che cosa, piccino? Guarda, tutto è tranquillo e i pastori vegliano accanto al fuoco.

I pastori fissavano con occhi di sonno i guizzi gialli e rossi del fuoco. La fiamma languiva. L'agnellino si strinse ancor più alla mamma e chiuse gli occhi, sforzandosi di non pensare ai lupi.

L'Angelo

A un tratto si sentì un cane uggiolare nella notte, le pecorelle tremarono tutte, e una voce dolcissima bisbigliò: – Non abbiate paura!

Subito l'agnellino si drizzò sulle zampine tremanti e guardò il fuoco.

Poche braci ardevano ormai tra la cenere, ma la notte non era più buia. L'aria s'era fatta luminosa sul capo dei pastori e sul gregge. E nella luce abbagliante un Angelo parlava.

– Non abbiate paura! – diceva il bellissimo Angelo, – vi porto una buona notizia. È nato il Salvatore, è nato il Cristo!

I pastori non capivano bene: con le mani si facevano schermo agli occhi perché la visione era troppo luminosa. Se ne stavano immobili come statue. E anche le pecore guardavano l'Angelo e ascoltavano le sue parole restando immobili. Nella bianca luce sembravano figurine di gesso.

– Andate, pastori, – diceva l'Angelo. – Troverete un bambino piccolo piccolo, avvolto in fasce in una mangiatoia. Quel bambino è Gesù, il figlio di Dio.

L'Angelo mosse appena le ali e subito altre ali

splendettero nell'aria. Una schiera di Angeli scese sul gregge cantando:

– *Gloria a Dio nel più alto dei cieli e pace in terra agli uomini di buona volontà!*

E all'improvviso, *puf*... scomparvero gli Angeli biancovestiti, ma l'eco del gioioso canto rimase nell'aria.

Subito il vento imparò a memoria questo canto meraviglioso e lo ripeté agli alberi della collina, ai casolari sparsi, alle erbe e alle pietre nei campi:

– *Gloria a Dio nel più alto dei cieli e pace in terra agli uomini di buona volontà!*

Il pianto dell'agnellino

Con gli Angeli era sparita la luce; ma la notte non faceva più paura all'agnellino, che avrebbe voluto mettersi a far capriole tra l'erba, nel buio, per la gioia.

Intorno a lui le pecore si agitavano e parlottavano belando un poco.

– Che notizia! Avete sentito?

– Ma anche se siamo solo pecorelle potremo vedere anche noi il figlio di Dio?

– Ma, perché i pastori non si muovono ancora?

Era come se si stessero svegliando da un sogno, i pastori: si guardavano meravigliati, al lume delle lanterne.

– Andiamo fino a Betlemme, andiamo a vedere il Salvatore degli uomini – disse uno di essi.

E allora l'agnellino, che aveva sentito, ricominciò a piangere piano piano: – *Bee... Bee...*

– Che c'è, ora? – gli domandò la mamma.

– Non sei contento d'aver visto gli Angeli?

Oh, sì, l'agnellino era contento d'aver veduto gli Angeli. Ma aveva di nuovo paura. Paura di non poter seguire il gregge fino a Betlemme. Le zampine lo sorreggevano appena... Oh, no, non avrebbe visto il bimbo appena nato!

– Non piangere, Piccino! – gli disse in quel momento un pastorello.

– Tu vedrai il bimbo come lo vedrò io. Qui, mio dolce agnellino, salta in braccio!

Se lo prese fra le braccia e s'avviò davanti al gregge, quasi correndo. E, intanto che stava attento a non ruzzolare giù per il ripido sentiero, parlava con l'agnellino. Gli diceva: – Tu sei ancora così piccolo... Non puoi capire, tu non sai che fra poco vedremo il figlio di Dio.

L'agnellino avrebbe voluto dire chiaramente che capiva tutto, che sapeva... Il giovane pastore lo accarezzava sul muso e ripeteva: – Tu sei un agnellino nato da poco; ma anche se tu fossi una pecora grande e grossa non potresti far altro che dir *bee... bee...* e brucar l'erba nei prati... Le pecore non possono capire certe cose.

Ma l'agnellino invece capiva tutto e se ne stava buono buono in braccio al bravo pastorello.

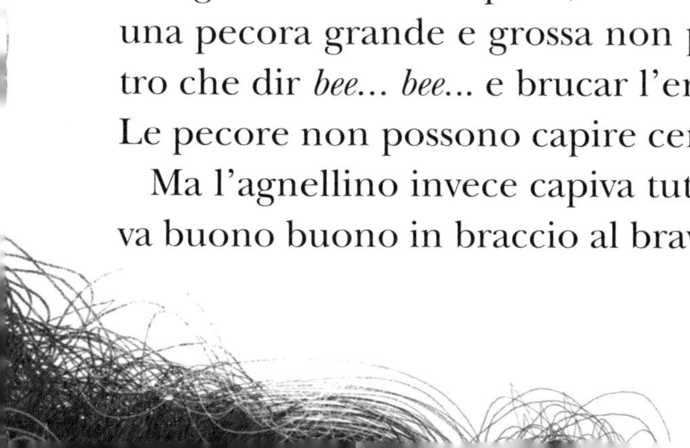

Davanti a Gesù

Pastori e pecorelle si trovarono all'improvviso davanti a una grotta nella quale brillava una luce.

Il pastorello entrò. Quasi subito altri pastori entrarono. E tutti s'inginocchiarono presso una mangiatoia nella quale un bimbo stava facendo la nanna.

L'agnellino si guardò attorno, curiosissimo. C'erano nella grotta, vicino alla mangiatoia, una donna giovane e pallida, bellissima, e un uomo che sembrava stanchissimo. Entrambi fissavano il bimbo con tenerezza infinita. Un bue e un asinello facevano capolino dalla greppia, guardando con occhi dolci il bel bambino addormentato.

Com'era bello quel bimbo! Ma non aveva neanche un vestitino, poverino! E il vento gelido soffiava anche nella grotta.

– *Bee... Bee...* – disse l'agnellino, scivolando giù dalle braccia del pastorello. – Voglio andar vicino a Lui. Voglio scaldarlo con il mio fiato.

– *Ih-oh!* – rise dal suo cantuccio l'asinello bigio. – Che vuoi fare tu, piccolino che non sei altro?

E il bue calmo: – *Muuu...* Io l'ho scaldato con il mio fiato, e il mio amico asino qui ha fatto lo stesso, fin che il bambino s'è addormentato... *Muuu...* Agnellino, vattene, su!

No, l'agnellino non voleva andar via. S'accostò alla mangiatoia, invece, fino a dare una leccatina dolce e umidiccia al braccino del bimbo.

Altre pecore intanto erano entrate nella grotta. E molte si pigiavano presso la soglia, belando: – *Bee...* Vogliamo vederlo anche noi! *Bee...*

Il canto della Madonna

E allora la donna pallida e bella, che era la mamma di Gesù, cantò piano, con voce soave:

Asinello, non ragliare
e tu, bue, non muggire
che il mio bimbo si può svegliare.
Ce n'è voluto per farlo dormire!

Aveva freddo, e l'ho scaldato
senza fuoco, stringendolo al cuore.
Aveva fame, e non gli ho dato
che tanto latte condito d'amore.

Fate piano, pecorelle!
Per vederlo non vi spingete!
E voi, in cielo, spegnetevi, stelle!
Meglio dorme se intorno c'è quiete.

L'asino e il bue nascosero il muso tra la paglia, confusi. E le pecore, pian piano, uscirono dalla grotta insieme con i pastori. Anche le stelle, in cielo, si erano fatte da parte perché Gesù potesse dormire tranquillo sul povero lettuccio di paglia. Ultimo a uscire fu l'agnellino. Dalla soglia volse ancora uno sguardo al bimbo addormentato. Così piccolo era Gesù, e tenero e indifeso! Sembrava proprio un agnellino!

I Magi

Nel lontano Oriente, quando le luci si spegnevano nelle case e il vento notturno spazzava le vie deserte, non tutti dormivano: oh, no. I sapienti vegliavano curvi sulle pagine di antichi libri, al chiarore fumoso di lampade a olio. Quei sapienti erano i Magi.

I loro occhi, talvolta, si chiudevano per la stanchezza: allora, abbandonando per un istante i libri, si avvicinavano alle finestre spalancate e interrogavano le stelle.

– Quando verrà il Salvatore del mondo? – chiedevano, alzando gli occhi al cielo trapunto di luci lontane. – I libri ci hanno detto che Egli verrà... Ma quando? Sono tanti anni che aspettiamo!

Aprivano sui leggii, con mani tremanti, i libri più ingialliti e vi rileggevano le frasi ben note della profezia: *Verrà un Signore pieno di sapienza... Verrà il Liberatore degli uomini...* – Sì, non c'è dubbio, Egli verrà – concludevano; – ma noi non lo vedremo. Siamo vecchi, ormai.

E scuotevano il capo, rassegnati.

La stella

Una sera apparve nel cielo una stella di straordinario splendore.

– Ecco il segnale che attendevamo! – esclamò uno dei Magi, emozionatissimo.

– Il Bimbo che aspettavamo è nato! – esultò un altro sapiente. – Mettiamoci in cammino, andiamo da Lui.

– Così, senza una guida? – disse un sapiente.

– Ma una guida l'abbiamo. Su, nel cielo. La stella, la grande stella cometa ci guiderà.

– Oh, sì, guardatela! Si muove, ci insegna la strada... Svegliamo i servi! Partiamo al più presto!

La stella si dirigeva pian piano verso Occidente. E verso Occidente si mosse, alle prime luci dell'alba, la carovana dei Magi.

I vecchi sapienti cavalcavano davanti a tutti, con gli occhi fissi al cielo dove si distingueva ancora la stella. Indossavano i loro abiti più ricchi e sui capelli bianchi avevano pesanti corone d'oro. Andavano, andavano, senza fermarsi mai...

– Troveremo il bimbo in una reggia – mormorò all'improvviso uno dei Magi. – Mi sembra già di vederlo sorridere tra lenzuolini ricamati, in una culla tutta d'oro... E d'oro è lo scrigno che gli porto in dono!

– Troveremo il bimbo in un tempio: Egli è assai più che un re – disse un altro sapiente. – Io gli porto in dono un'anfora d'incenso profumato.

– Egli è venuto sulla terra per salvarci – disse un altro sapiente. – Io gli porto in dono un calice di mirra. La mirra, infatti, significa salvezza.

Andavano e non si fermavano mai.

Scalarono alte montagne e attraversarono pianure sconfinate.

Un giorno persero di vista la loro guida luminosa. Si trovavano di fronte alle mura di Gerusalemme, nel cuore della Palestina.

Un re invidioso e crudele

– La stella è scomparsa: il nostro viaggio è finito – mormorò uno dei Magi. – Troveremo il piccolo re in questa bianca città. Busseremo a ogni porta, chiederemo di Lui. Prima che tramonti il sole potremo gettarci ai suoi piedini e adorarlo.

Ma invano bussarono a ogni porta, invano domandarono del bimbo divino.

Nessuno ne aveva sentito parlare. Un servo, intanto, era corso al palazzo reale.

– Maestà, – disse, inchinandosi davanti al re Erode, – ci sono degli stranieri che affermano d'aver visto in Oriente la stella che annuncia la nascita del Messia.

Erode corrugò la fronte. Egli sapeva che nel libro sacro del popolo ebreo, la *Bibbia,* si leggeva più e più volte di un Redentore, un bimbo che sarebbe venuto a salvare il mondo. Mandò via in fretta e furia il servo e fece venire alla sua presenza i sacerdoti più sapienti del regno.

– Voi che avete meditato a lungo su ogni passo della *Bibbia*, – disse loro, – sapete in quale luogo deve nascere il Salvatore promesso da Dio?

– Sì, Maestà, noi lo sappiamo: Betlemme sarà la sua culla.

Il re impallidì. Betlemme era un villaggio non lontano da Gerusalemme. Ma allora... Se era vero quel che dicevano gli stranieri venuti dall'Oriente, quel bimbo un giorno sarebbe diventato il re di Gerusalemme, il re di... Erode! Invidia e triste collera si agitavano nel petto del cattivo re: mai egli avrebbe ceduto il trono a quel bimbo, a quell'usurpatore!

La voce del sovrano risuonò fredda e imperiosa nella gran sala:

– Che gli stranieri siano subito condotti qui!

Poco dopo i re Magi erano davanti a lui.

Erode li guardò fissamente; poi, con un sorriso sinistro, disse:

– Mi è stato riferito che voi cercate il Re dei re. Quando lo trovate, fatemelo sapere, così anche io potrò andare ad adorarlo...

Intanto che i Magi si allontanavano dalla reggia, il cattivo re stringeva i pugni, mentre i suoi occhi erano fiamme piene di rabbia.

Mai, *a nessun costo,* quel bambino sarebbe diventato re.

L'Atteso

La carovana dei Magi era appena uscita dalle mura di Gerusalemme quando uno dei servi lanciò un grido, indicando il cielo sereno:

– La stella!

– La nostra guida! – esclamarono commossi i vecchi sapienti. – È riapparsa nel cielo. Dove ci porterà?

Li portò, attraverso campi e colline, a una grotta scavata nella montagna. I Magi videro l'astro dalla lunga coda splendente calare a poco a poco, solcando il cielo con un arco ampio e luminoso.

Spronavano le stanche bestie, i Magi; le incitavano:

– Su, ancora uno sforzo! Avanti, manca poco! Su, correte!

Davanti alla grotta la carovana s'arrestò, e i sapienti si avvicinarono all'ingresso tagliato nella roccia. Dov'era la splendida reggia? Dov'erano i lenzuolini ricamati? Dov'era la culla d'oro?

Un bimbo giaceva su poca paglia, tra un bue e un asinello. Era quello il Re dei re, il Salvatore del mondo?

I potenti Magi lo fissarono negli occhi e subito piegarono le ginocchia sulla nuda pietra e offrirono al povero bimbo i doni preziosi: oro, incenso e mirra. Bastava guardarlo negli occhi, per capire subito che era il bimbo che avevano aspettato tanto, che era il figlio di Dio.

Gesù fece un sorriso bellissimo, il sorriso più dolce del mondo.

Con il dono di quel sorriso i Magi uscirono felici dalla grotta. Sapevano infatti che neanche tutta la cattiveria della terra, neanche quella così triste del re Erode avrebbe potuto cancellare la bellezza così perfetta del sorriso di quel bambino speciale, nato così ricco di bontà nella culla più povera di tutte sotto la luce di una stella che non smette di splendere.

La fuga

Faceva tanto freddo e c'era tanto silenzio quella notte. All'improvviso, nel gelo, Giuseppe si svegliò e corse a guardare tutto preoccupato il bellissimo bambino che dormiva in braccio alla sua mamma. Giuseppe non sapeva perché ma sentiva che dovevano andar via al più presto da Betlemme, fuggire oltre il paese, attraverso il deserto fin nella terra d'Egitto. Perciò si alzò e andò nell'angolo dove anche l'asinello stava dormicchiando appoggiato al grosso bue.

– Su, su Asinello! Forza, alzati! – diceva dolcemente Giuseppe battendogli la schiena col palmo della mano. E l'asino balzò sulle sue zampette traballando un poco e trotterellò fuori dalla grotta.

– *Muuu*... Che succede? – muggì il bue tutto impaurito. – *Muuu*... Vengo anch'io con Asinello... *Muuu*...

– *Shhh*... Zitto! – gli sussurrò pian piano Giuseppe dalla soglia; – non far rumore! Non farti sentire! Il nostro piccolino è in pericolo!

– Pericolo?

Maria era in piedi, ben sveglia. Si stringeva al petto il suo bambino e non riusciva a dire una parola. Guardava solo, piena di paura, il suo sposo.

Giuseppe la prese per mano e le disse:

– Vieni, cara, dobbiamo andarcene da questa grotta... subito. Non avere paura, poi ti spiegherò.

Maria avvolse subito il piccolo nei suoi poveri panni e gli coprì per bene il bel visino addormentato, perché non prendesse freddo, nel gelo della notte.

Poi, col bimbo in braccio, salì in groppa all'asinello. – Asinello, trotta trotta più che puoi! – bisbigliò Giuseppe all'orecchio dell'animale.

Giuseppe si voltò indietro, tutto preoccupato, verso la stradina che portava a Betlemme. Ma non si sentiva rumore di passi, non si vedevano ombre di soldati.

– *Muuu...* – fece piano piano dalla grotta il bue. E voleva dire, nel linguaggio dei buoi: – Addio, Addio bambino mio, addio amico asinello. – L'asinello non rispose però: era già partito e trotterellava veloce, più che poteva, sui sassi gelati della stradina e Giuseppe con passo leggero lo seguiva nella notte buia.

Il sogno

Trotta trotta più che puoi, non fermarti fin che puoi... Asinello aveva corso tanto. Tutta la notte... Il cielo schiariva a poco a poco. Nuvole rosate e leggere si rincorrevano nel pallido azzurro.

Quando Betlemme fu scomparsa all'orizzonte, Asinello si fermò all'ombra d'un cespuglio, accanto a una fonte d'acqua limpida. Allora Giuseppe pian piano iniziò a raccontare: – Ho fatto un sogno, uno strano sogno: c'era un Angelo che mi parlava e mi diceva: Giuseppe, fuggi lontano da Betlemme con Gesù e con la sua mamma... Fuggi, fuggi subito, Giuseppe!

Il bimbo s'era svegliato e rideva, mentre l'asinello brucava i pochi ciuffi d'erba polverosa ai lati della stradina.

– Giuseppe, dove andremo? – bisbigliò Maria, stringendosi al cuore il suo piccino.

– In Egitto, Maria. È così che vuole il Signore. Infatti, l'Angelo mi disse ancora: Giuseppe, il re Erode vuole far uccidere il bimbo. Fuggi in Egitto... Fuggi subito, Giuseppe!

Maria era così stanca e aveva tanto tanto sonno. Ma le parole di Giuseppe le avevano dato

una forza nuova e così si alzò in fretta e disse: – Presto Giuseppe. Fuggiamo lontano da Erode e dai suoi soldati.

E così Maria, Giuseppe, il bimbo e l'asinello ripresero il cammino verso la salvezza, verso il lontano Egitto. Ogni tanto Maria aveva paura, ma guardava fisso l'orizzonte e andava avanti.

Dietro di lei strade e campi erano deserti. Nessuno li stava inseguendo e ormai erano lontani dai pericoli e da Erode.

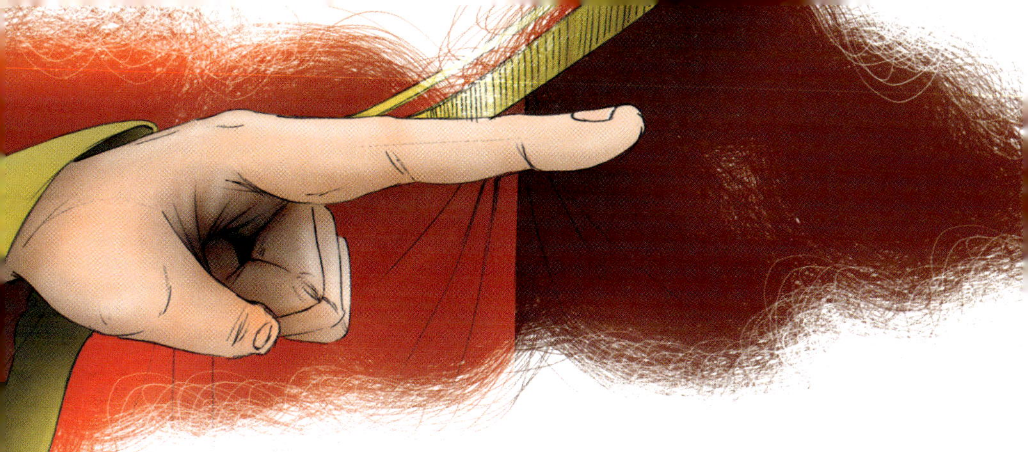

La strage degli Innocenti

Erode aspettava con ansia il ritorno dei Magi. Ma perché tardavano tanto?

Camminava su e giù nella sua camera, guardando con aria sinistra gli splendidi arazzi alle pareti.

Erode pensava: "Presto scoprirò dove si nasconde il bambino e quando l'avrò scoperto, lo ucciderò. Perché non arrivano i Magi?".

Ma i Magi erano già lontani, molto oltre il deserto e oltre l'odio di Erode.

Anche i Magi avevano avuto il loro sogno e il loro angelo. E il loro angelo aveva ordinato che tornassero a casa, ai loro paesi, senza fermarsi dal re Erode, senza fermarsi a Gerusalemme.

Erode camminava su e giù nella sua camera,

sempre più impaziente, sempre più nervoso.

Le ore passavano ed Erode era furente. Aveva capito che i Magi non sarebbero più tornati. Non avrebbe mai saputo dove si nascondeva il bimbo che venne dal cielo. E fu così che ordinò di uccidere tutti i bimbi maschi di Betlemme, dai due anni in giù.

– Nessun bimbo maschio si salverà. Moriranno tutti, morirà anche il piccolo usurpatore.

Erode sogghignava nel triste tramonto di Betlemme. Non gli importava del sangue dei bimbi innocenti. Non gli importava del dolore delle mamme e dei papà.

Betlemme piangeva il sangue dei suoi bimbi più piccoli, dei suoi figli più innocenti.

I soldati di Erode non avevano pietà per nessuno: bussavano a tutte le porte. Bussavano alle povere capanne sperdute nella campagna e ai palazzi dei ricchi. Davanti alle soglie insanguinate, le madri urlarono invano il loro dolore sui poveri corpi dei bimbi uccisi.

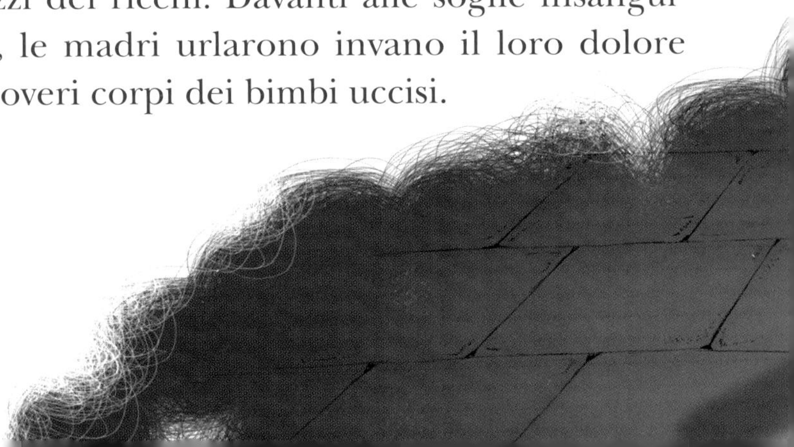

Una casetta, a Nazaret

C'era una casetta, a Nazaret: una casetta piccina che si aggrappava al monte come a cercar riparo dal vento e dalla pioggia.

E c'era un albero davanti alla casetta abitato da tanti uccellini.

– *Cip*... L'hai visto? – cinguettò un passero al fringuello che riposava accanto a lui sopra un ramo fiorito.

– Ora, ora lo vedo! – disse tutto allegro il fringuello. – È così carino! E guarda che testolina piena di riccetti!

– Oh, sì! E poi è un bimbo così allegro, sorride sempre, – concluse teneramente il passerotto.

Chi sarà quel bimbo? Il bimbo era Gesù. Maria l'aveva appena messo a giocare sopra una stuoia, davanti alla casetta dove la Sacra Famiglia abitava da alcuni giorni: era passato molto tempo da quando Erode aveva ordinato la strage dei poveri bimbi innocenti. Erode era morto e Maria, Giuseppe e il piccolo Gesù erano tornati in Palestina.

I due uccellini volevano guardare meglio il bel bimbo e volarono veloci su un ramo più basso.

– Guarda la sua mamma. Com'è bella! Com'è pallida! – disse il passerotto.

– È bianca bianca! – disse il fringuello.

Proprio in quel momento, un asinello grigio,

che se ne stava tranquillo ai piedi dell'albero, alzò il musino al ramo sottile che oscillava sotto al vento e ragliò con voce profonda:

– *Ih-oh!...* Maria è stanca. Abbiamo fatto un lungo, lunghissimo viaggio; per questo è così pallida.

I due uccellini si erano un po' spaventati. Tornarono quasi subito, però, vicino all'asino, perché erano curiosissimi e desideravano moltissimo sapere chi fossero il bimbo e la donna.

– Ehi! Asinello! – disse il passerotto. – Tu sai chi è quel bel bimbo che gioca così tranquillo?
– Certo che lo so, anche se sono solo un asinello! – rispose in modo molto suscettibile. Però, poi, con tenerezza disse: – Si chiama Gesù. L'ho visto nascere in una grotta, a Betlemme. L'ho portato in salvo, sulla mia groppa, in Egitto, quando un re cattivo lo voleva uccidere. Ancora io, l'ho portato qui a Nazaret, qualche giorno fa. Dopo tanto tempo e dopo tanto viaggiare sono stanco anche io. E anche Maria è stanca.

– Solo Gesù non sembra stanco, – osservò il passero. Fringuello, Passero e Asinello stavano tutti guardando il piccino che gattonava sulla stuoia e che faceva gridolini dolci alla sua mamma, al cielo, al bell'albero fiorito.

– Gesù! Che nome dolce! – bisbigliò il fringuello, come tra sé.

Poi gli uccellini volarono accanto al bimbo, sulla stuoia, e giocarono a lungo con Lui. E Gesù rideva felice. E anche Maria sorrideva piano nella bella mattina d'estate.

Infanzia di Gesù

Gesù cresceva nella casetta di Nazaret. Era un bambino e come tutti i bambini era speciale. Ogni tanto faceva qualche capriccio, ogni tanto diceva qualche bugia. Come tutti i bimbi.

Rincorreva le farfalle nei prati, ma non faceva loro alcun male. Gli uccelli venivano ogni giorno a beccare le briciole di pane sul palmo della sua mano.

Giocava spesso con i bambini della sua età ma bastava che la mamma gli dicesse:

– Gesù, vieni qui, aiutami! – Subito Gesù correva e aiutava la sua mamma: andava al pozzo per prender l'acqua o raccoglieva i rami secchi

per il fuoco. Aveva sempre un sorriso pronto per tutti.

Maria, quando Gesù giocava all'aperto con i suoi piccoli amici, sedeva non troppo lontano da Lui e filava il lino e la lana.

Filava... e ascoltava la bella voce del suo bimbo e le sue fresche risate. E di tanto in tanto lo guardava come tutte la mamme guardano i loro bimbi, con tanto amore e un po' di preoccupazione.

Maria pensava: “Ecco il mio bambino, ecco il mio Signore”.

Rivedeva talvolta, come in un sogno, l’Angelo bellissimo che le era apparso quando era ancora fanciulla. Era andata così: Maria era tranquilla nella sua cameretta, aveva un vestitino leggero, bianco e stava pregando (Come se lo ricordava bene! Come avrebbe potuto dimenticare?) e l’Angelo le aveva annunziato che presto avrebbe dato alla luce un bimbo. E questo bimbo era il figlio di Dio, il Redentore promesso agli uomini fin dai tempi dei tempi.

Non filava più, Maria: guardava lontano. Era persa nei suoi pensieri e il suo bel volto era appena velato da un po’ di tristezza.

– Mamma, ti è caduto il fuso, – diceva Gesù, raccogliendolo con grazia.

– Grazie, piccino! – mormorava la Madonna. Riprendeva a lavorare con lena, e mentre filava, si sorprendeva a ripetere piano le stesse parole che aveva bisbigliato un giorno al bellissimo angelo: “Il mio cuore loda il Signore. Il mio cuore è pieno di gioia in lui... Io sono la serva del mio Signore... Sia fatta la sua volontà”.

Il piccolo falegname

Giuseppe era un bravo falegname. Lavorava molto, segando, piallando e inchiodando assi tutto il giorno. Spesso Gesù gli andava vicino e gli diceva serio: – Papà, vuoi che ti aiuti?

Giuseppe lo guardava con tenerezza e gli diceva:

– Come farei senza di te? Passami i chiodi, quelli piccoli, ma stai attento! Non farti male! – Gesù era felicissimo di aiutare Giuseppe. Si sentiva grande e importante così. Ad un cenno di Giuseppe Gesù correva subito a prendere i chiodi, poi spazzava, raccoglieva i trucioli e, qualche volta, verniciava le assi abbandonate al sole.

A fine giornata Gesù e Giuseppe si lavavano le mani, nere di lavoro e Maria li guardava sorridendo.

Ogni sera, prima di preparare per la cena, Giuseppe accarezzava i ricci di Gesù e guardandolo con amore gli diceva serio: – Sei proprio un piccolo falegname, tu! – E gli occhi di Gesù brillavano di una gioia pura, perfetta.

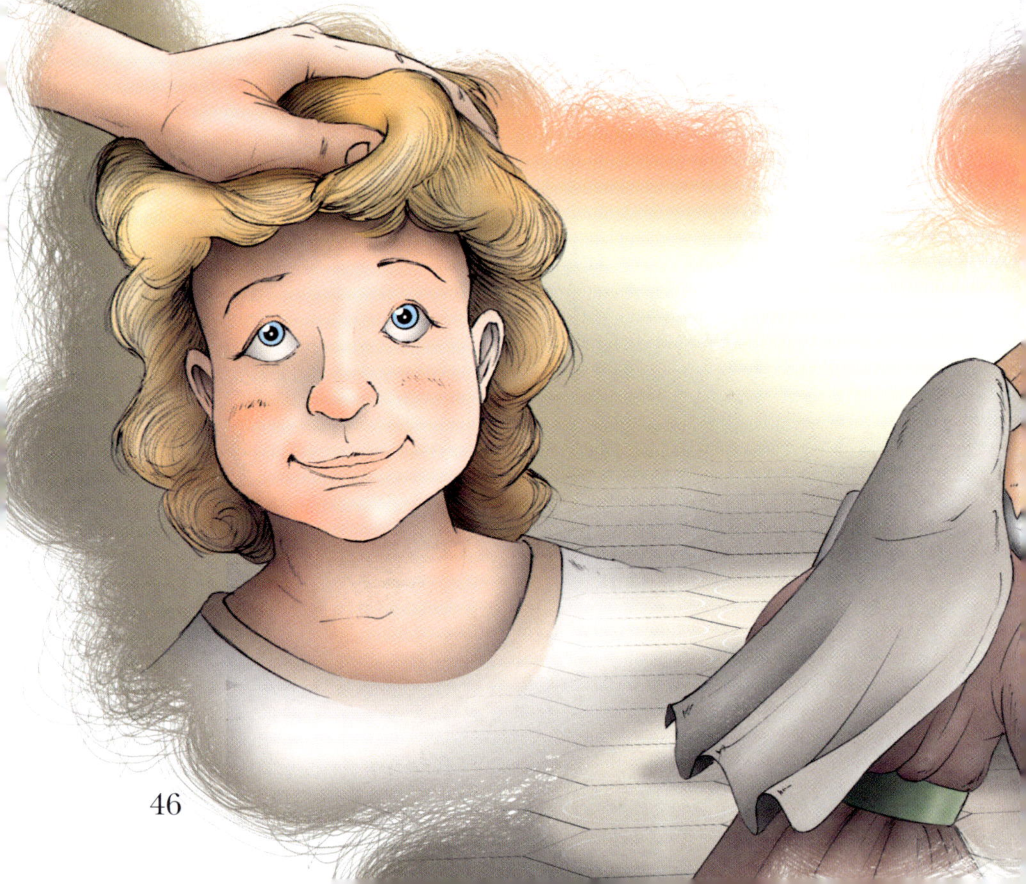

Nel tempio fra i dottori

Gesù aveva dodici anni quando i suoi parenti andarono con Lui a Gerusalemme per la festa di Pasqua che si celebrava ogni anno.

La festa si prolungò per alcuni giorni, trascorsi i quali tutti ritornarono a casa. Maria camminava in un gruppo di donne. Gesù non le era vicino,

ma lei non era per niente preoccupata. “Sarà con Giuseppe, nel gruppo degli uomini”, pensava.

E Giuseppe, non vedendo vicino a sé il bimbo, si diceva:

“Sarà con Maria, nel gruppo delle donne”.

Avevano già fatto parecchia strada quando si accorsero che Gesù non era da nessuna parte.

Maria e Giuseppe, con il cuore pieno di angoscia tornarono di corsa a Gerusalemme.

– Avete visto un bel bambino coi ricci? Avete visto il nostro Gesù? – chiedevano a tutti quelli che incontravano per strada. Ma nessuno l'aveva visto. Maria e Giuseppe erano disperati. Cercarono dappertutto, tra i banchetti del mercato, nei negozietti, nei vicoli e nelle stradine. Ma fu proprio nel grande tempio che lo trovarono. Gesù era lì, seduto tranquillo, circondato dai vecchi, saggi dottori della Legge che lo ascoltavano rapiti. Il bel viso di Gesù era illuminato di una bellissima luce, mentre rispondeva con sicurezza alle domande dei vecchi saggi.

Meraviglia e stupore erano sui volti severi dei dottori, che sembrava non si stancassero proprio di ascoltare quel misterioso, sapientissimo bambino.

E meraviglia e stupore si leggevano anche sui volti di Giuseppe e Maria che stavano fermi fermi e zitti alla grande porta del tempio e si sentivano intimiditi e confusi. Maria fece un passo avanti e Gesù, vedendola, salutò con rispetto i vecchi sapienti e seguì con calma la madre fuori del tempio.

– Ma dov'eri? Ti abbiamo cercato tanto: eravamo così angosciati per te, – mormorò dolcemente Maria. E Gesù, tranquillamente rispose: – Ma non sapete forse che devo fare le cose del padre mio?

Giuseppe e Maria erano pieni di meraviglia e

non risposero nulla, contenti com'erano di aver ritrovato il loro piccolino.

La serena giovinezza

Maria, Giuseppe e Gesù fecero ritorno alla loro casetta appoggiata al monte, e ripresero la vita tranquilla di prima. Gesù continuò ad aiutare la mamma nei lavoretti di casa e Giuseppe nel suo lavoro. Giorno dopo giorno cresceva e diventava grande: sembrava impossibile, ma quel bambino che incantava i passerotti come sapeva incantare i sapientissimi dottori nel tempio aveva già trenta anni. Era un uomo ormai, e per tutta la vita aveva vissuto con semplicità e con la gioia pura di fare per bene il bel lavoro del falegname.

Una mattina, all'improvviso, se ne andò dalla casetta di Nazaret. Gli uccellini lo guardavano allontanarsi sul sentiero polveroso che scendeva a valle.

Era arrivato il momento di rivelare a tutti, con la parola e con le opere, chi Egli fosse realmente.

Ecco una luce…

Ma c'era qualcuno che aveva capito che stava arrivando il Salvatore da tanto tempo aspettato. Qualcuno così povero da non avere né sandali né casa. La sua ricchezza era la sua fede e di quella ne aveva da vendere.

Si chiamava Giovanni.

Non sembrava proprio un profeta, tutto vestito di stracci e con la barba nerissima tutta arruffata, ma in realtà lo era.

Una mattina di primavera Giovanni salì su una roccia, proprio di fronte al fiume Giordano. Il suo sguardo, così limpido, così deciso, fissava un punto lontano nel cielo.

Attorno alla roccia, in un silenzio magico, c'erano tante persone venute per ascoltare la voce di quell'uomo straordinario, profondissimo.

– Chi sei? – gli chiese un forestiero che voleva proprio sapere cosa stesse aspettando tutta quella gente col naso all'insù.

Forse l'uomo vestito di stracci era un mago venuto dall'Oriente? O forse un racconta storie?

Ma Giovanni rispose:

– Io sono la voce che grida nel deserto: preparate la via al Signore che sta per arrivare!

Uno tra la folla chiese al suo vicino:

– Ma, secondo te, chi è questo Signore di cui parla Giovanni ? – Tutti avevano una propria risposta ma in realtà nessuno aveva capito.

Giovanni era entrato nell'acqua bassa del fiume. Molti, meravigliati, lo seguirono.

Giovanni prese un po' d'acqua, la versò pianissimo sulla testa tutta ricci di un ragazzetto vispissimo e con dolcezza disse:

– Io ti battezzo con quest'acqua ma chi verrà dopo di me ti battezzerà con lo Spirito Santo e col fuoco.

Il ragazzino guardò Giovanni con occhi pieni di curiosità mentre il suo cuore era pieno di serenità e gioia.

Giovanni guardò la sponda e, all'improvviso, s'illuminò.

Un giovane di circa trent'anni lo fissava e sorrideva. Era Gesù, il falegname di Nazaret.

La Sua figura sembrava splendere in quel mattino limpidissimo, chiaro come il Suo sorriso.

Il battesimo di Gesù

Gesù venne avanti piano piano e si immerse nel fiume proprio come quel ragazzino pieno di ricci.

L'acqua era proprio fredda ma Gesù sembrava non accorgersene.

– Tu? Vuoi che io ti battezzi? – balbettò Giovanni, confuso. – Dovresti essere tu che battezzi me! – E Gesù, con semplicità rispose:

– Non preoccuparti, è così che devono andare le cose.

Giovanni con mano tremante bagnò i capelli del giovane.

E allora il cielo si aprì, e una colomba di luce apparve sul capo di Gesù, mentre una voce potentissima riempì il silenzio di quel mattino di primavera di tanti e tanti anni fa.

– Questo è mio figlio. E io lo amo sopra ogni cosa! – La folla improvvisamente ammutolì e si sentì solo il rumore calmo delle acque. Tutti erano stupiti, tutti sentivano una grandissima gioia.

Chi è costui?

Gesù da allora cominciò a compiere opere davvero straordinarie: riuscì a digiunare per quaranta giorni e quaranta notti nel deserto più deserto. Non aveva mai avuto paura. Il suo sguardo era sempre rimasto lo stesso, sereno e luminoso.

Camminò e camminò per la terra di Galilea e le sue parole erano così profonde, così belle che molti si fermavano ad ascoltarlo, attratti dal suo aspetto gentile e dalla dolcezza del suo sguardo. Era proprio vero quello che aveva scritto tanti e tanti anni prima un antico profeta: Il popolo che era nelle tenebre ha visto una

grande luce e per chi è immerso nell'ombra una luce s'è levata.

E veramente chi ascoltava la parola del figlio di Dio si sentiva inondare il cuore di gioia e di speranza, e desiderava seguire Gesù per sentire ancora la sua voce. Tanti si chiedevano chi fosse quell'uomo che fino a poco tempo prima non faceva altro che il semplice falegname e ora aveva una sapienza così profonda che incantava, così come il suo sguardo.

I primi discepoli

Gesù stava camminando lungo le sponde del mare di Galilea quando vide due giovani pescatori: erano due fratelli, si chiamavano Simone e Andrea e stavano per gettare in acqua le reti.

Gesù si fermò, li guardò e disse:

– Venite! Io vi farò pescatori di uomini.

Simone e Andrea abbandonarono subito le loro reti e lo seguirono.

Simone, che era un omone grande e grosso e di pochissime parole, cambiò anche nome. Gesù, infatti, lo guardò a lungo e gli disse:

– Tu sei Simone, ma da questo momento ti chiamerai Pietro, perché sei la pietra su cui fonderò la mia chiesa.

E Simone abbassò la testa senza dire nulla. Sentiva che era giusto così.

Un po' più avanti, in un'altra barca, altri due giovani fratelli, Giacomo e Giovanni, stavano aggiustando le vecchie reti. Gesù li chiamò, e anch'essi, lasciata la barca, si misero immediatamente a seguirlo.

Il giorno dopo fu la volta di un altro pescato-

re che si chiamava Filippo. Anche lui stava andando da Giovanni Battista. Gesù gli disse:

– Seguimi!

E Filippo lo seguì.

Discepolo vuol dire colui che impara e davvero Pietro, Andrea, Giacomo, Giovanni e Filippo, a cui si aggiunsero ben presto molti altri discepoli, standο con Gesù imparavano moltissime cose anche se, come tutti gli alunni, non sempre capivano il significato delle sue parole.

Però erano sempre con Gesù che essi chiamavano con rispetto: Maestro.

Gesù spesso ripeteva loro quella frase:

– Io vi farò pescatori di uomini, – ed essi accennavano di sì con il capo e corrugavano la fronte nello sforzo di capire. Alla fine erano un po' scoraggiati: era troppo difficile capire. A loro bastava amare il figlio di Dio e credere in Lui.

Miracoli

Cana di Galilea era un paese famoso per il suo vino che era davvero buonissimo e proprio a Cana si stavano festeggiando le nozze di due ragazzi.

Al banchetto nuziale erano stati invitati Maria, Gesù e i suoi discepoli.

Ad un certo punto ci si accorse che il vino era finito: non ce n'era proprio più neanche per un sorsino.

Maria disse allora a Gesù: – Guarda, non hanno più vino! Che peccato! Come faranno?

– Non è ancora il momento dei miracoli, – rispose Gesù. – Ma lo faccio per te e tutti loro, perché vedano e capiscano.

Maria disse ai servitori:

– Fate tutto quel che vi dirà.

In cucina vi erano sei grossi recipienti di pietra. Gesù disse:

– Prendeteli e riempiteli d'acqua.

E i servitori li riempirono fino all'orlo.

Gesù disse ancora:

– Ecco, adesso il vino c'è. Portatelo in tavola.

I servitori, pieni di meraviglia, portarono in tavola l'acqua trasformata in vino. Il vino era così buono, così leggero e fresco che uno degli ospiti disse allo sposo:

– Complimenti! Tutti servono all'inizio del pranzo il vino migliore: tu invece l'hai conservato fino ad ora.

Così Gesù a Cana di Galilea compì il suo primo miracolo e manifestò la sua gloria, per amore della sua mamma e dei suoi amici.

Lo Spirito è sopra di me

Gesù, coi suoi discepoli, entrava nelle sinagoghe, percorreva le vie polverose della Galilea e spesso a chi gli chiedeva chi egli fosse e quale fosse il suo compito, rispondeva con le parole del poeta Isaia: – Lo Spirito del Signore è sopra di me; Egli mi ha consacrato per portare la buona novella ai poveri, per annunciare la libertà a chi non l'ha e la vista ai ciechi.

Accorrevano a Lui, pieni di fede, malati e sofferenti ed Egli li consolava e li guariva. Il popolo, nelle città e nelle campagne, non faceva che parlare dei suoi miracoli.

– Gesù, il falegname di Nazaret, ha ridato la voce a un muto, – diceva uno.

Un altro rispondeva:

– L'ho visto con i miei occhi guarire una donna –. Altri dicevano:

– E avete ascoltato le sue parole?

– Quanta saggezza è in Lui!

– Il suo sguardo, poi, è dolce e severo a un tempo stesso: sembra proprio lo sguardo di un re buono e giusto! Magari fosse davvero il nostro re!

Il lebbroso

Un giorno moltissima gente stava aspettando Gesù alle porte della città.

– Guardate, sta arrivando! – disse qualcuno. E la sua voce era piena di gioia e di speranza.

– Attenzione, largo, fate largo! C'è un lebbroso! – strillò una donna.

– Un lebbroso? Scappiamo! Attenzione a non sfiorarlo, nemmeno per sbaglio!

All'improvviso tutti cominciarono a scappare e presto la via e i prati apparvero deserti agli occhi di Gesù che si avvicinava con i discepoli.

Era rimasto il lebbroso, tutto solo, al centro della strada. Guardava Gesù che non fuggiva, che non aveva per niente paura né orrore di quell'uomo tutto bende.

Gesù gli stava andando incontro.

In tanta sofferenza gli occhi del lebbroso brillavano della luce pura della speranza.

– Maestro! – diceva tra lacrime di dolore il lebbroso, buttandosi a terra, nella polvere, ai suoi piedi. – Se tu vuoi, puoi guarirmi.

Gesù, impietosito, stese una mano e lo toccò, dicendo:

– Certo che lo voglio: avanti, guarisci!

All’improvviso tutte le piaghe scomparvero mentre riapparve il sorriso che da tanto tempo il lebbroso non riusciva a fare. Eh, sì. L’uomo avrebbe voluto gridare a tutti la sua gioia, ma Gesù gli impose di tacere.

Tuttavia la notizia del nuovo miracolo corse veloce tra la gente che si riuniva attorno a Gesù per vederlo e per ascoltare le sue parole che sapevano sempre consolare e guarire dal dolore e dalla tristezza.

Insegnamenti

Quando Gesù parlava, anche le nuvole si fermavano per ascoltarlo, sospese tra cielo e terra; anche il vento all'improvviso taceva tra i rami degli alberi. I discepoli sedevano sull'erba ai suoi piedi. Il popolo si sistemava tutto intorno a lui, silenzioso e attentissimo.

La voce di Gesù, come una melodia, si diffondeva nell'aria e arrivava in tutti i cuori.

Le sue parole erano sempre parole di libertà, di gioia, di speranza. Le sue parole erano parole di amore.

– Amatevi, – diceva, – perché siete, anzi, siamo tutti fratelli. Nostro Padre sta nei cieli e sia santificato il suo nome.

Ma a Gesù non bastava che gli uomini si amassero gli uni gli altri: voleva che imparassero a perdonare tutte le offese. Che arrivassero a capire e persino ad amare anche i loro nemici.

– È facile amare quelli che ci vogliono bene, che sono nostri amici. Invece, io vi dico di amare quelli che non vi stanno simpatici, quelli che vi fanno arrabbiare, quelli che non vi capiscono: solo così sarete veri figli del Padre vostro che fa sorgere il sole proprio per tutti, buoni e cattivi. E poi, ascoltatemi bene: a chi vi schiaffeggia sulla guancia destra, offrite anche la guancia sinistra; e a chi vi vuol prendere la tunica, lasciate anche il mantello.

Tra la folla in ascolto c'erano anche tanti poveri, donne, bimbi, uomini maltrattati dalla vita. Soprattutto per loro Gesù diceva:

– Beati quelli che piangono perché saranno consolati. Beati quelli che hanno fame e sete di giustizia, perché saranno saziati. I più poveri quaggiù saranno i più ricchi nel regno dei Cieli.

E così i poveri, gli affamati, i maltrattati non sentivano più il peso della miseria, dimenticavano le sofferenze e la tristezza. Pensavano a quel regno, lassù, in cui sarebbero stati felici.

La preghiera

Diceva Gesù ai suoi discepoli:

– Pregate, ma con il cuore e non solo con la voce. In Paradiso entrerà colui che farà la volontà del Signore, e non chi prega più forte, con la voce più alta.

– Maestro, – gli domandavano – non dovremmo dunque pregare a voce alta?

– Se volete che il Padre vi ascolti, non fate come gli ipocriti che pregano agli angoli delle piazze o nelle sinagoghe per farsi vedere.

Pregate con il cuore, vi ripeto, e non con le labbra soltanto.

Allora i discepoli gli dicevano:

– Signore, insegnaci a pregare, perché noi non sappiamo quali sono le parole giuste perché il Padre ci ascolti.

E Gesù:

– Quando pregate, dite:

Padre nostro che sei nei cieli,
sia santificato il tuo nome.
Venga il tuo regno.
Sia fatta la tua volontà,
come in cielo così in terra.
Dacci oggi il nostro pane quotidiano.
Rimetti a noi i nostri debiti,
come noi li rimettiamo ai nostri debitori.
E non ci indurre in tentazione;
ma liberaci dal male.

I discepoli avevano capito che era una preghiera bellissima, per cui la impararono subito e, giungendo le mani, la ripetevano con le labbra, con il cuore e con tantissima fede.

I nemici di Gesù

Non tutti quelli che si fermavano ad ascoltare Gesù però lo apprezzavano per davvero.

Per esempio c'erano i farisei che si vantavano di seguire la Legge passo per passo e che guardavano Gesù con sospetto da quando si erano accorti che Egli aveva guarito un paralitico in giorno di sabato. Eh sì, perché bisogna sapere che i farisei pensavano che non si dovesse proprio far niente in un giorno di festa come il sabato.

– Un buon ebreo non deve lavorare nel giorno consacrato al riposo, – dicevano. – Gesù quindi non è per niente un buon ebreo.

Un altro giorno poi l'avevano visto seduto a tavola con alcuni peccatori e subito avevano avuto qualcosa da dire.

– Perché mangi con i peccatori? – gli avevano chiesto con un tono proprio brutto, un tono d'accusa.

Ma Gesù, col suo sguardo fiero e sereno, aveva risposto: Sono quelli che stanno male che hanno bisogno del medico, non chi sta bene. Perciò io sono venuto per guarire i malati nel corpo ma anche i malati nello spirito.

– I farisei non seppero proprio cosa rispondere: non avevano proprio capito cosa volesse dire Gesù.

Un'altra volta ancora i farisei cercarono di mettere in difficoltà Gesù; gli si avvicinarono e gli chiesero a bruciapelo:

– È giusto che gli ebrei paghino il tributo all'imperatore romano, che è padrone di tutta la Palestina?

Se Gesù avesse risposto sì, i suoi nemici lo avrebbero denunziato ai sacerdoti come un cattivo ebreo; se avesse risposto no, lo avrebbero denunziato come un nemico di Roma e del suo impero.

– Allora, cosa rispondi? – lo incalzavano i farisei.

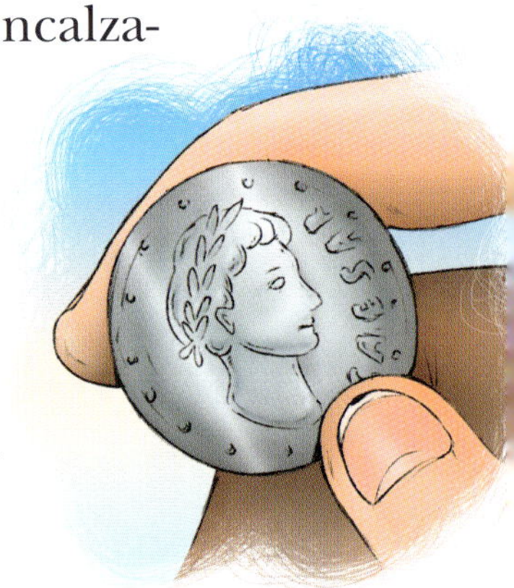

E Gesù, sorridendo, disse:

– Datemi una moneta.

Quando l'ebbe in mano, la mostrò ai suoi nemici dicendo:

– Chi è quello che vedete su questa moneta?

Risposero in coro:

– Ma è l'imperatore, che noi chiamiamo Cesare! Tutti lo sanno.

Li guardò negli occhi e disse, calmo:

– Ebbene, date a Cesare quel che è di Cesare, e a Dio quel che è di Dio.

I farisei, non sapendo in che modo rispondere a parole così sagge, s'allontanarono mogi mogi.

Via i mercanti dal tempio!

Anche ai mercanti Gesù non piaceva troppo. Di Lui dicevano:

– È così prepotente! Eppoi ha uno sguardo così severo! Ha parole buone per tutti ma non ha avuto nessuna buona parola per noi... Sarà vero? Vediamo come è andata.

In realtà i mercanti stavano pensando al giorno in cui Gesù li aveva scacciati dal tempio.

Non era quello un luogo come un altro per fare il mercato?

C'erano così tanti fedeli che arrivavano al tempio e acquistavano colombe e agnellini come offerte e gli affari dei mercanti andavano a gonfie vele. *Tin, tin,* facevano le lucide monetine, passando da una mano all'altra.

E intanto lì, appena fuori dal tempio, tra le colonne c'era una confusione tremenda: gli agnellini belavano, i buoi muggivano, e le colombe svolazzavano fra le colonne e andavano a posarsi perfino sul capo dei sacerdoti.

E l'eco ripeteva sotto i portici i belati, i muggiti e i *tin, tin,* come se si facesse una musica un po' strampalata.

Che autorità aveva mai quel Gesù, quel falegname, per entrar come se fosse un padrone nel tempio? Era forse il gran sacerdote?

Gesù era entrato come una furia, agitando vorticosamente una grossa fune: i suoi occhi ardevano per lo sdegno e il dolore di vedere profanato quel luogo così santo.

Aveva rovesciato le bancarelle, aveva frustato senza misericordia i mercanti che non s'affrettavano a fuggire dal tempio, aveva gridato con una voce che faceva tremare anche le colonne:

– Questa è la casa di Dio, e voi l'avete trasformata in un covo di ladri. Andatevene via, via, via di qui!

Agnellini e colombe si erano sparpagliati e avevano uno sguardo davvero smarrito mentre i buoi in un angolo muggivano fortissimo, come per protestare. E monete rotonde e lucide erano rotolate sul pavimento, e molte erano sparite, finite chissà dove, e non si poterono più recuperare. Come potevano amare Gesù, i mercanti? Ricordavano troppo bene le sue frustate e la sua collera!

I sacerdoti e gli scribi

Anche i sacerdoti, come i farisei si dicevano:

– Chi è costui che entra da padrone nel tempio? Chi è costui che ci biasima perché non siamo così sciocchi da donare ai poveri tutto quello che abbiamo, tutte le nostre ricchezze?

Anche gli scribi, che erano i dottori della legge, dicevano:

– Gesù predica l'amore fra gli uomini e li invita a considerarsi tutti fratelli. Ma noi, noi che abbiamo studiato, noi che abbiamo raggiunto un'ottima posizione nel regno, non possiamo pensare che un poveraccio sia nostro fratello. È una cosa assurda! Bisogna far tacere quel Gesù, prima che il popolo si rivolti contro di noi.

I sacerdoti, che avevano paura dei tantissimi seguaci di Gesù, rispondevano:

– Non è facile mandarlo in prigione! Non vedete come il popolo lo segue e gli si stringe attorno, pronto a difenderlo?

Alla fine scribi e farisei concludevano:

– Bisognerà essere furbi e non aver fretta. Un giorno o l'altro anche lui dirà qualcosa di sbagliato, qualcosa che possa dar fastidio o al popolo o al governo.

Cinque pani e due pesci

Gesù era sempre seguito da tantissimi fedeli. Un giorno aveva attraversato in barca il lago di Genezaret e, sempre seguito dalla folla, si era spinto con i discepoli in un luogo deserto. Qui Egli parlò mentre tutti lo ascoltavano in silenzio, incantati dalle sue parole. Ormai il sole stava tramontando ed Egli parlava ancora. Quando tacque, un discepolo gli si accostò e gli disse:

– Maestro, il luogo è deserto e sta facendo buio: lascia che la gente faccia ritorno ai villaggi per comprarsi qualcosa da mangiare.

– Ma perché far camminare tanto il mio popolo? – disse Gesù, per nulla turbato. – Sarete voi che darete loro di che mangiare.

I discepoli si guardarono in faccia. Erano davvero un po' perplessi.

– Ma abbiamo solo cinque pani e due pesci! – esclamarono.

Gesù disse con semplicità:

– Va benissimo! Portateli qui!

Alzò gli occhi al cielo, benedisse i pani e i pesci, e poi li diede ai discepoli perché li distribuissero al popolo. Oh, meraviglia! C'era tantissimo cibo! Nessuno ebbe fame. Anzi tutti si fecero una bella scorpacciata! Eh, sì: i pesci erano diventati così tanti che era impossibile contarli! Ci fu chi raccolse gli avanzi di quel miracoloso pranzetto: erano rimaste ben dodici ceste piene degli avanzi del pane e del pesce!

Il popolo era impressionato. Tutti non facevano che parlare della stessa cosa lungo le sponde del lago di Genezaret e in tutta la Palestina.

– Avete sentito? Gesù ha compiuto un altro miracolo: ha sfamato cinquemila persone con cinque pani e due pesci.

– Ma sei sicuro?

– Altroché! Ero là, io, seduto a gambe incrociate, tra quasi cinquemila persone! Ho mangiato fino a scoppiare e pensa che ne è avanzato di cibo! Quasi dodici ceste piene!

– Gesù riesce a fare così tanti miracoli. Egli ridona la vista ai ciechi, fa camminare gli storpi, guarisce i lebbrosi, ridona l'udito ai sordi.

– Penso proprio che sia Quello che stavamo aspettando. Egli è il Salvatore promesso.

– Era tempo che Egli venisse tra noi. Il re che ora governa in Palestina non è al servizio del popolo, ma al servizio di Roma: non ci sa proteggere, non ci può sfamare.

Gesù è così forte e buono. Se Egli fosse il nostro re, non avremmo più nulla da temere, in pace e in guerra. – Sì, sì! Andiamo da Gesù! Facciamolo diventare nostro re!

Questi erano i discorsi della gente comune che era così stanca di soprusi e miseria e aveva tanto bisogno di giustizia.

Ma Gesù, non appena seppe che il popolo voleva farlo re, si nascose in un luogo deserto, e lì rimase a pregare insieme con i discepoli.

Lazzaro, vieni fuori!

A Betania c'era una casa dove Gesù era sempre accolto con gioia.

Era la casa dei fratelli Marta, Maria e Lazzaro.

Marta era una bravissima donna di casa: tutto il giorno lavorava per le stanze, e spesso rimproverava la sorella Maria che preferiva star chiusa per lunghe ore nella sua camera a leggere e a pregare. Quando Gesù veniva a far visita all'amico Lazzaro, Maria sedeva sempre ai suoi piedi e lo ascoltava attentissima.

– Ecco, tu non sei mai utile in casa! Non fai neanche un lavoretto! Non potresti aiutarmi?! – disse un giorno Marta alla sorella Maria. Gesù, che era lì con loro, le disse:

– Marta, tu ti preoccupi troppo per cose che non hanno importanza, mentre una sola cosa è davvero necessaria: la salvezza dell'anima. Non rimproverare Maria perché si cura di questo. Infatti lei ha scelto di curare l'anima, la parte migliore, che non le sarà mai tolta.

E dicendo così fece una carezza dolcissima a ciascuna delle due sorelle e subito tornò la pace in quella casa di gente buona e semplice.

Morte di Lazzaro

Gesù era lontano da Betania quando qualcuno lo avvertì che Lazzaro era ammalato.

– Questa malattia non è grave! Lazzaro guarirà presto! – disse Gesù e rimase altri due giorni nel luogo in cui si trovava. Trascorsi i due giorni, Egli disse ai discepoli:

– Dobbiamo andare a Betania. Il nostro amico Lazzaro dorme, e io vado a svegliarlo.

– Se dorme, vuol dire che sta meglio, anzi forse è proprio guarito, – pensarono i discepoli.

Ma Gesù sapeva che Lazzaro era morto.

Maria e Marta erano state con lui giorno e notte fino alla fine, e piangendo e sospirando l'avevano avvolto in un lenzuolo profumato, e l'avevano fasciato tutto come usava a quei tempi. Quando Gesù arrivò con i discepoli, Lazzaro era ormai nella tomba da quattro giorni. Marta venne incontro a Gesù e gli disse singhiozzando:

– Signore, se tu fossi stato qui, mio fratello non sarebbe morto!

E anche Maria, uscendo in lacrime dalla casa, si gettò ai piedi di Gesù, dicendo:

– Oh, perché non eri qui nei giorni scorsi?

Gesù era molto turbato e alla fine, dopo un lungo silenzio, disse:

– Dove l'avete messo?

– Signore, vieni e vedrai, – gli risposero le due donne. Gesù piangeva tutto solo, in silenzio, appoggiato ad un angolo del sepolcro. La gente, vedendo le sue lacrime, commentava:

– Si vede proprio che gli voleva davvero bene! – Però qualcuno disse anche:

– Non poteva Egli impedire che il suo amico morisse?

Gesù sentì e divenne ancora più pallido. Si mosse e le due donne si mossero con Lui, seguite da molta gente.

Il sepolcro era una grotta con una grandissima pietra che copriva l'ingresso.

– Togliete quella pietra! – ordinò Gesù.

– Signore, – disse Marta, – Lazzaro è morto quattro giorni...

– Io sono la resurrezione e la vita, – l'interruppe Gesù, con voce alta e chiara. – Fate quel che vi dico.

Tolsero dunque la pietra, e il figlio di Dio, alzati gli occhi al cielo, disse:

– Padre, ti ringrazio di avermi ascoltato anche questa volta.

Poi, con voce tonante, esclamò:

– Lazzaro, vieni fuori!

E Lazzaro uscì. Aveva i piedi e le mani fasciati, si muoveva a fatica.

– Slegatelo subito! – ordinò Gesù.

Quando poté muoversi meglio, Lazzaro s'inginocchiò davanti al Signore, e con lui s'inginocchiarono piangendo ancora, sì, ma di gioia le sue buone sorelle.

Gesù e i bambini

Era un magnifico mattino di primavera: le lucertole correvano sui muri, i fiori stavano per sbocciare e i bambini cantavano come uccelli nei prati alla periferia di Gerusalemme. Cantavano e si rincorrevano felici.

Un bimbo si fermò all'improvviso sul ciglio erboso d'un fossato e indicò una nuvoletta di polvere che si gonfiava laggiù, in fondo alla strada.

– Guardate! – gridò a voce altissima il bimbo. – C'è qualcuno che arriva da Betania!

Anche gli altri bimbi si fermarono. – Chi sarà? – chiese una bella bimba. – Forse... una carovana di mercanti. O una principessa, oppure altri bimbi come noi... – Stava sognando ad occhi aperti la bella bimba dai capelli rossi.

La nuvola di polvere era scomparsa: si distingueva ora benissimo una piccola folla che avanzava agitando ramoscelli d'ulivo e foglie di palma. – Osanna! Osanna! – gridava la folla.

I bambini si guardarono meravigliati; poi, come a un segnale, s'arrampicarono veloci come

gattini sugli ulivi che erano lì, ai lati della strada. Ora potevano vedere per benino il viso dolce del giovane che avanzava silenzioso.

– Gesù! Gesù! – esclamarono tutti, con gioia. I bambini amavano Gesù. Vicino a Lui si sentivano così al sicuro, così felici.

Per questo spesso si confondevano tra la folla per ascoltarlo, e gli tiravano la tunica perché Egli si girasse a fissarli con quel suo sguardo azzurro che arrivava fin nell'anima.

I discepoli una volta avevano cercato di allontanare dei bimbi che s'erano avvicinati al Maestro con affetto e confidenza. E Gesù con una dolcezza infinita aveva detto:

– Lasciate che i bambini vengano a me!

E, girandosi verso quelli che lo ascoltavano senza parole, aveva aggiunto:

– Se il vostro cuore non sarà puro e semplice come quello dei bambini, non entrerete mai nel regno dei Cieli.

L'asinello che portava Gesù trotterellava tranquillo tra la folla. I bambini appollaiati sugli ulivi strapparono alcune fronde dagli alberi, e scivolando in fretta lungo i tronchi si misero a precedere il gruppo, ripetendo con le loro vocette sottili:

– Osanna! Osanna!

E le stesse parole si ripetevano in un coro infinito. Così fino alle porte della città e anche oltre, nelle vie che si affollavano al richiamo insolito.

– Osanna! Osanna! – ripetevano le donne sulle soglie buie.

Il grido dilagava, penetrava nelle viuzze e invadeva le piazze.

Tutto il popolo di Gerusalemme accoglieva con gioia il Messia.

Tutti ripetevano:

– Osanna! Benedetto Colui che viene nel nome del Signore!

Il prezzo del tradimento

Mancavano soltanto due giorni alla Pasqua.

Gesù camminava fra i discepoli: stava andan-

do a casa di Lazzaro dov'era invitato a cena.

Il Maestro guardava con affetto i dodici che erano intorno a lui. Egli stesso li aveva scelti fra i molti che lo seguivano: per distinguerli dagli altri li aveva chiamati apostoli.

Guardò per bene la figura così cara di Pietro e gli ripeté piano alcune frasi che il discepolo già conosceva. Gesù gliele aveva già dette:

– Tu sei Pietro, e su questa pietra edificherò la mia Chiesa. Sarà a te che darò le chiavi del regno dei Cieli.

Sorrise a Giovanni, un ragazzo molto giovane e gentile, che gli stava sempre accanto non perdendosi neanche una parola di quelle che Gesù diceva. Poi guardò, a uno a uno, gli altri apostoli. C'erano, oltre a Pietro e a Giovanni, Andrea,

Giacomo di Zebedeo, Filippo, Bartolomeo, Tommaso, Matteo, Giacomo d'Alfeo, Taddeo, Simone e... Giuda.

A Giuda non piaceva che qualcuno lo fissasse nemmeno se era Gesù. Eppoi aveva qualcosa da nascondere.

Per cui, mentre Gesù lo fissava, Giuda si voltò verso l'apostolo più vicino, mentre l'espressione di Gesù diventava tristissima.

La cena nella casa di Lazzaro era ormai alla fine.

– Voi andrete per il mondo a predicare l'arrivo del regno di Dio, – stava dicendo Gesù agli apostoli. – Ma prima di questo il Figlio dell'Uomo sarà consegnato nelle mani degli uomini che lo uccideranno; ed Egli risusciterà dopo tre giorni.

In quel momento Maria, si avvicinò alla tavola imbandita e, spezzata una preziosa anfora d'alabastro colma d'olio profumato, ne versò quasi tutto il contenuto sul capo di Gesù. Con le poche gocce rimaste in fondo all'anfora unse i piedi nudi di Gesù, e poi li asciugò con una cura infinita strofinandoli con i suoi lunghi capelli.

– Che spreco! – mormorarono gli apostoli, vedendo ciò. – Quell'olio costa carissimo! Non potevamo venderlo e poi dare i soldini ai poveri?

Ma Gesù rispose: – Perché volete mortificare Maria? Ha fatto davvero una bella cosa. I poveri li avrete sempre con voi e potrete far loro del bene ogni volta che lo vorrete: io, invece, non sarò sempre con voi. Voi non potete neanche immaginarlo ma lei ha profumato il mio corpo per il giorno della sepoltura che si avvicina.

Maria, che aveva ascoltato con le lacrime agli occhi le parole del Maestro, raccolse con mani tremanti i cocci e uscì in fretta dalla stanza. Il suo bel viso era bagnato di lacrime.

Anche Giuda era scivolato fuori della stanza. Senza far rumore aveva accostato l'uscio e, a passi felpati, era uscito nella strada nera d'ombra. Era uscito per tradire il suo Maestro. Era già un po' che ci stava pensando: da quando s'era accorto che, seguendo Gesù, non c'era modo di arricchirsi. Giuda non amava Gesù, amava solo il denaro e aveva finto di interessarsi alle dottrine del Maestro nella speranza che, un giorno o l'altro, Egli diventasse re. – Potrebbe essere il re di un intero popolo e invece vive nell'ombra, – pensava. – Potrebbe fare soldi a palate per sé e per i suoi discepoli, e invece preferisce vivere di elemosine come un mendicante... Ma io sono stanco, stanco di condurre una vita miserabile: voglio guadagnare qualcosa da questa faccenda, io!

Quasi senza accorgersene, Giuda si trovò davanti al tempio e, dopo aver dato una rapida occhiata a destra e a sinistra per essere sicuro di non essere stato seguito, entrò. Nella penombra sembrava proprio che i capi dei sacerdoti lo stessero aspettando. Avevano pensato a lungo a come prendere Gesù. Ed ora, ecco, veniva uno dei dodici a tradirlo. Che incredibile fortuna!

– Quanto mi darete se vi consegnerò Gesù? – disse Giuda senza giri di parole.

I nemici di Gesù si consultarono brevemente,

poi uno di loro disse nel silenzio: – Trenta monete d'argento.

Giuda chinò il capo in segno d'assenso. Poi uscì correndo nella via.

Ormai non poteva più tornare indietro. E poi... perché tornare indietro? Non desiderava egli, più di ogni altra cosa al mondo, possedere una borsa piena di soldi? Giuda avrebbe venduto il suo maestro per un mucchietto di monete, per trenta monete d'argento.

L'ultima cena

Nel giorno in cui gli ebrei di solito sacrificavano l'agnello pasquale, le vie di Gerusalemme erano affollate di pellegrini.

I dodici apostoli, riuniti in una grande sala, aspettavano Gesù per cenare con Lui.

E alla fine di quel giorno Egli apparve sulla soglia e li salutò con un sorriso. Poi si tolse il mantello e, appoggiando per terra con delicatezza un asciugamano, versò dell'acqua in un catino e cominciò a lavare i piedi ai suoi amici.

– Signore, – protestò Pietro con il suo vocione, – Tu non devi mai abbassarti di fronte a me, e non voglio proprio che mi lavi i piedi.

Ma Gesù rispose: – Devo lavarteli! Se non vuoi, non ha senso che tu stia qui con me!

E Pietro: – Ecco, Signore, sono pronto: ecco i miei piedi, le mie mani, le mie braccia, tutto il mio corpo!

Si sedettero: la tavola era apparecchiata per bene. Alla destra di Gesù c'era il suo discepolo preferito, Giovanni, il quale guardava ansioso il volto tanto pallido del suo Maestro.

Mentre mangiavano, il Signore disse:

– In verità, in verità vi dico: uno di voi mi tradirà.

Gli apostoli si guardarono l'un l'altro in faccia, non sapendo proprio cosa dire e a chi stesse pensando Gesù.

Giovanni posò il capo sul petto di Gesù e gli domandò piano:

– Maestro, chi ti tradirà?

Gesù rispose con calma: – Ora gli darò un pezzettino di pane inzuppato; così lo vedrai e saprai.

Inzuppò infatti un boccone di pane e lo passò

a Giuda, dicendogli:

– Ciò che devi fare, fallo in fretta!

Nessuno dei commensali, tranne Giovanni, capì perché gli parlasse a quel modo.

Giuda, sconvolto, abbandonò in fretta la mensa e andò fuori, nella notte più nera, a chiamare le guardie.

Prima che Giovanni si fosse ripreso dallo stupore, il Maestro prese un pane, lo benedisse, lo spezzò e ne diede a ciascuno un pezzettino, dicendo:

– Prendete e mangiate: questo è il mio corpo.

E, preso il calice del vino, disse:

– Prendete e bevete: questo è il mio sangue: versato per molti in remissione dei peccati.

Gli apostoli mangiarono e bevvero, mentre Gesù continuava a dire:

– Fate questo in memoria di me.

La promessa dello Spirito Santo

– Amatevi come io vi ho amato –, disse ancora Gesù. – E se il mondo vi odia, ricordatevi questo: che prima di voi ha odiato me. Starò con voi ancora per pochissimo. Ma quando io me ne sarò andato scenderà dal cielo lo Spirito Santo che vi guiderà per le vie del mondo: andrete ad annunciare a tutti le cose belle che vi ho insegnato e comprenderete tutte le mie verità. E ora è tempo di salutarci. Devo andare: è ora.

Gli disse Pietro: – Signore, voglio venire anche io! E stare con te sempre!

E Gesù: – Per ora non puoi venire dove sto andando: però mi seguirai più tardi e ci ritroveremo e sarà bellissimo.

Pietro non riusciva a capire e scuoteva la testa dicendo: – Perché non posso seguirti ora? Tu sai che darei la vita per te.

Ma anche Gesù scosse il capo ed era triste.

– In verità, in verità ti dico: vedrai che non sentirai il gallo cantare prima d'avermi rinnegato tre volte.

Pietro non osò protestare ma si sentiva un po' offeso da quelle parole. Come poteva il Maestro dubitare di lui? Uscirono tutti dalla sala e si incamminarono su, per una stradina buia che conduceva al monte degli Ulivi. Ai piedi del monte era il Getsemani, un orto ben noto a Gesù e ai suoi discepoli, che vi si recavano spesso a pregare, con la musica sottile del vento tra gli alberi.

Al Getsemani

Sulla strada sembrava proprio che gli ulivi si stessero piegando come se salutassero e si sentiva quasi un bisbiglio sottile:

– Eccolo, Egli viene.

Una lucertola fece capolino tra due sassi e aguzzò i suoi occhietti lustri, una farfalla lasciò il fiore sul quale si era posata poco prima e danzò nell'aria, tra gli ulivi. Due fiorellini azzurri, un po' sonnacchiosi, a quelle parole si drizzarono sullo stelo e si volsero a guardare il cancello dell'orto che si apriva cigolando.

– *Cip*... Ascolteremo ancora le sue dolci parole, – cinguettò un passero, con allegria, saltellando sopra un ramo basso.

– Ancora... ancora, – ripeteva il vento.

Ma cosa stava succedendo a Gesù? Perché una ruga profonda gli solcava la fronte? Perché non sorrideva?

Camminava lentamente, in silenzio, evitando di far scricchiolare la ghiaia sotto i piedi. Gli apostoli lo seguivano in silenzio. Gli ulivi non bisbigliavano più.

La lucertola, immobile tra i due sassi, si andò a nascondere tutta tremante. All'improvviso aveva avuto paura e non sapeva spiegarselo.

I fiori avevano chiuso le loro corolle e tremavano, chissà perché.

La farfalla si aggrappava a una foglia d’ulivo sbattendo le ali, inquieta.

L’uccellino sul ramo sembrava di pietra: non si muoveva, non cinguettava più.

Anche il vento non aveva più soffi, non aveva più canzoni.

Gesù disse a un tratto, volgendosi agli apostoli: – Pregate.

Si allontanò un po’ da loro e, postosi in ginocchio, disse con voce sottile, appena un sussurro:

– Padre, se vuoi, allontana da me questo calice! Ma sia fatta la tua e non la mia volontà.

Come soffriva! Il suo sguardo rivolto al cielo era velato di lacrime, il suo bel volto era tutto sudato. I vecchi ulivi dai tronchi rugosi e contorti erano sgomenti.

“Possibile che nessuna creatura del Cielo o della Terra venga a consolare Gesù?” pensavano. Ed ecco una luce tutta bianca nel cielo, ecco un lieve sbatter d’ali sul monte degli Ulivi.

Una figura luminosa era accanto al figlio di Dio, gli asciugava il sudore dalla fronte con l’a-

la, e gli mormorava parole dolci.

– Un Angelo del Paradiso! – pensarono tutte le creaturine che vivevano tra gli ulivi.

Il tradimento

La figura luminosa impallidì, scomparve.

Gesù ritornò presso i discepoli che, stanchi, si erano addormentati.

– Perché dormite? – disse loro con voce di rimprovero. – Dovete alzarvi e dovete pregare: la mia ora è vicina

Parlava ancora quando nella notte si videro delle lanterne. Molte spade brillavano in modo sinistro, mentre grida e richiami risuonavano da un capo all'altro dell'orto.

I discepoli si strinsero, tremando, attorno al Maestro. Una piccola folla, guidata da Giuda, si raccolse vicino al gruppo di Gesù. Sembrò che Giuda esitasse, ma fu solo un attimo: poi, avanzando verso il figlio di Dio, gli disse:

– Ecco, Maestro, sei qui!

E lo baciò.

Era quello il segnale. Immediatamente due soldati presero Gesù per le braccia. Egli sembrava non accorgersi dell'espressione brutta delle persone che lo circondavano: fissava tristemente Giuda che, livido in volto, cercava di confondersi tra la folla.

– Giuda, è con un bacio che tradisci il Figlio dell'uomo? – disse piano piano Gesù.

Giuda non rispose. Sgusciò dietro le spalle dei soldati e scappò via, correndo nella notte.

Ma la voce di Gesù non lo abbandonava per quanto velocemente corresse, e l'aria gli fischiava nelle orecchie una parola sola, come se la ripetesse all'infinito: – Traditore!

Inciampava nelle pietre sparse al suolo, urtava contro gli alberi che trovava davanti a sé in quella sua fuga tutta angoscia. Ma, anche se il monte degli Ulivi era ormai lontano, la voce non era lontana, gridava in lui, sempre più alta: – Traditore!

Il lamento degli ulivi

Intanto, nell'orto, qualcuno tra i discepoli aveva preso la spada per impedire che Gesù fosse trascinato via dai soldati come un ladro qualunque. Ma Egli non volle che si spargesse del sangue per causa sua.

– Rimettete a posto le spade, – disse ai discepoli. – Non devo forse bere io il calice che mio Padre mi ha dato?

Uscì dall'orto tra i suoi nemici. Il suo passo era fermo. Gli ulivi ancora una volta videro balenare la sua chioma al lume incerto delle lanterne e delle torce. Poi Gesù scomparve là dove il sentiero faceva una svolta, e gli ulivi scricchiolarono (oh, perché non potevano piangere come gli uomini?), scricchiolarono a lungo, facendo dondolare i rami sottili. E i poveri ulivi, nel freddo della notte, ripetevano ai fiori e al vento, con voce tristissima: – Mai più. Non lo vedremo mai più.

Prima che il gallo canti

Pietro s'era nascosto dietro l'angolo d'una strada, vicino alla casa del sommo sacerdote. Si guardò intorno. Gli sembrò che nessuno badasse a lui; allora attraversò la strada e entrò nella casa dove poco prima era entrato Gesù. Nel cortile c'era un gran fuoco attorno al quale sedevano tutti quelli che avevano accompagnato Gesù dal Gran Sacerdote Anna. Pietro s'avvicinò alla fiamma senza quasi far rumore. Aveva freddo, non riusciva a smettere di tremare. Mentre cercava di scaldarsi un pochino, una donna

lo squadrò ben bene e disse: – Anche quest'uomo era con Gesù!

– Chi, io? –, ribatté Pietro, fingendosi meravigliato. – Gesù... Non so neanche chi sia!

Si avvicinò all'atrio e tese l'orecchio. Dal luogo in cui si trovava ora udiva benissimo la voce di Anna, il gran sacerdote, che stava interrogando Gesù.

Il Sacerdote stava in piedi e continuava a chiedere a Gesù: – Dimmi, uomo: chi sono i tuoi discepoli? Quali sono i tuoi insegnamenti?

Gesù con voce chiara rispondeva: – Ho parlato con tutti, liberamente: ho insegnato nelle sinagoghe dove si raduna il popolo. Non c'è nessun segreto e nessuna dottrina che non deve essere rivelata.

Ma Anna insisteva: – Voglio che tu racconti ai presenti le tue dottrine.

E Gesù rispondeva: – Perché dovrei farlo? Interroga tutti quelli che mi hanno ascoltato: saprai da loro che cosa ho insegnato.

Allora una guardia diede uno schiaffò a Gesù, uno schiaffo fortissimo.

– Se ho detto qualcosa di male, devi dimostrarmelo. E se invece ho detto cose vere, perché mi picchi? – rispose Gesù con voce ancora ferma.

Il gran sacerdote, con aria sprezzante disse: – Portatelo da Caifa, il Sommo Sacerdote.

Poco più tardi Gesù arrivò davanti a Caifa.

– Sei tu quello che chiamano il Cristo, l'unto del Signore, il Figlio di Dio?

E Gesù disse: – Sì, sono io, e fra poco vedrete il Figlio dell'uomo, seduto alla destra dell'Onnipotente, avanzare sulle nubi del cielo.

Caifa teatralmente fece per stracciarsi le vesti. Era indignatissimo!

– Avete sentito tutti? Gesù ha bestemmiato! Non abbiamo più bisogno di testimoni? Voi tutti avete ascoltato la sua bestemmia. Che ne dite, qual è la pena giusta per chi bestemmia?

E tutti quelli che erano lì dissero a voce altissima: – La morte! La morte!

Pietro tremava. Non aveva freddo, aveva paura. All'improvviso un uomo gli si avvicinò e gli disse: – Anche tu sei uno di quelli che seguivano il Nazareno.

– Non è vero. Non lo sono, – rispose Pietro.

Trascorsa circa un'ora, un vecchio guardò Pietro e disse:

– Io l'ho visto! È un discepolo di Gesù.

E per la terza volta Pietro negò di conoscere Gesù. Proprio in quel momento un gallo cantò da un invisibile pollaio. Il discepolo trasalì e

guardò Gesù che, in piedi, in fondo alla sala, lo fissava con un sorriso tanto triste. A Pietro sembrò che la stanza cominciasse a girare impazzita. Uscì traballando dal cortile e, appoggiata la testa contro il muro di una casa, pianse lacrime che quasi bruciavano tanto erano amare.

Da Pilato a Erode

– A morte! – ripeteva la folla.

– Sì, a morte! Portiamolo da Ponzio Pilato! – gridò qualcuno.

Ponzio Pilato rappresentava a Gerusalemme l'imperatore romano. Gesù avrebbe potuto essere condannato solo con il suo consenso.

Gli scribi, i sacerdoti e gli anziani insieme a moltissima gente corsero da lui.

– Quest'uomo osa proclamarsi re del popolo ebreo, – gli dissero, indicando Gesù.

Ponzio Pilato guardò Gesù. Che aspetto tranquillo aveva quell'uomo! Come si poteva crederlo colpevole?

Ma gli accusatori di Gesù non mollavano. E Pilato lo interrogò:

– È vero che tu sei il re degli ebrei? – gli chiese.

Gesù con il suo sguardo limpido e con voce fermissima rispose: – È vero, io sono re... Ma il mio regno non è di questo mondo.

– Qual è il regno che non è di questo mondo? – si domandava perplesso Pilato.

I sacerdoti intanto lo accusavano di altre colpe. Di fronte a tante accuse e così gravi Pilato chiese a Gesù:

– Non dici niente? Non ti difendi?

No, Gesù stava in silenzio. Gesù non si difendeva.

Pilato lo guardò ancora per un istante, mera-

vigliato. Poi alla folla disse:

– Io non trovo in lui nessuna colpa!

– A morte! A morte il falso re! – urlavano tutti. – Non deve essere lasciato libero, Pilato! Gesù deve morire! Ha bestemmiato!

Ma Pilato non voleva condannare a morte un innocente e pensò di mandarlo da Erode, il re della Palestina. Pilato ebbe un'idea: – Forse tocca a lui giudicare l'uomo che dice di essere re degli ebrei!

Erode ascoltò le accuse dei sacerdoti, fece rivestire l'accusato con la veste bianca che si metteva ai folli e lo rimandò da Ponzio Pilato.

Ponzio Pilato se lo vide ricomparire dinnanzi, con quella sua aria dolce e rassegnata. Giù, nella strada, la folla rumoreggiava.

– Condannalo a morte! – dicevano tutti. Ma Pilato rispondeva sempre la stessa cosa: – Non posso condannarlo. Per me egli è innocente!

Ma la folla stava impazzendo: – A morte il falso re!

Allora Pilato sospirò e diede l'ordine di portare davanti alla folla un assassino, che era stato condannato a morte. Si chiamava Barabba.

I soldati lo trascinarono accanto a Gesù.

Pilato disse alla folla: – Ascoltate. Siamo alla vigilia della Pasqua e voglio liberare un prigioniero.

Chi volete che liberi, Gesù o Barabba?

La folla gridò: – Barabba! Barabba!

Pilato era rimasto senza parole: – Ma Gesù non ha fatto niente di male: invece Barabba è un assassino, ha le mani sporche di sangue.

Ma la gente non ebbe pietà di Gesù e disse: – Barabba! Deve essere libero!

Pilato allargò le braccia e chiese: – E cosa devo fare di Gesù?

Tutti gridarono: – Crocifiggilo! Crocifiggilo!

Pilato ordinò ai soldati di portare una bacinella piena d'acqua e si lavò le mani di fronte alla folla.

– Gesù andrà sulla croce e morirà, – disse a voce alta, perché lo sentissero tutti. – Ma sappiate che io sono innocente di questo sangue.

E così dicendo si allontanò scuotendo la testa.

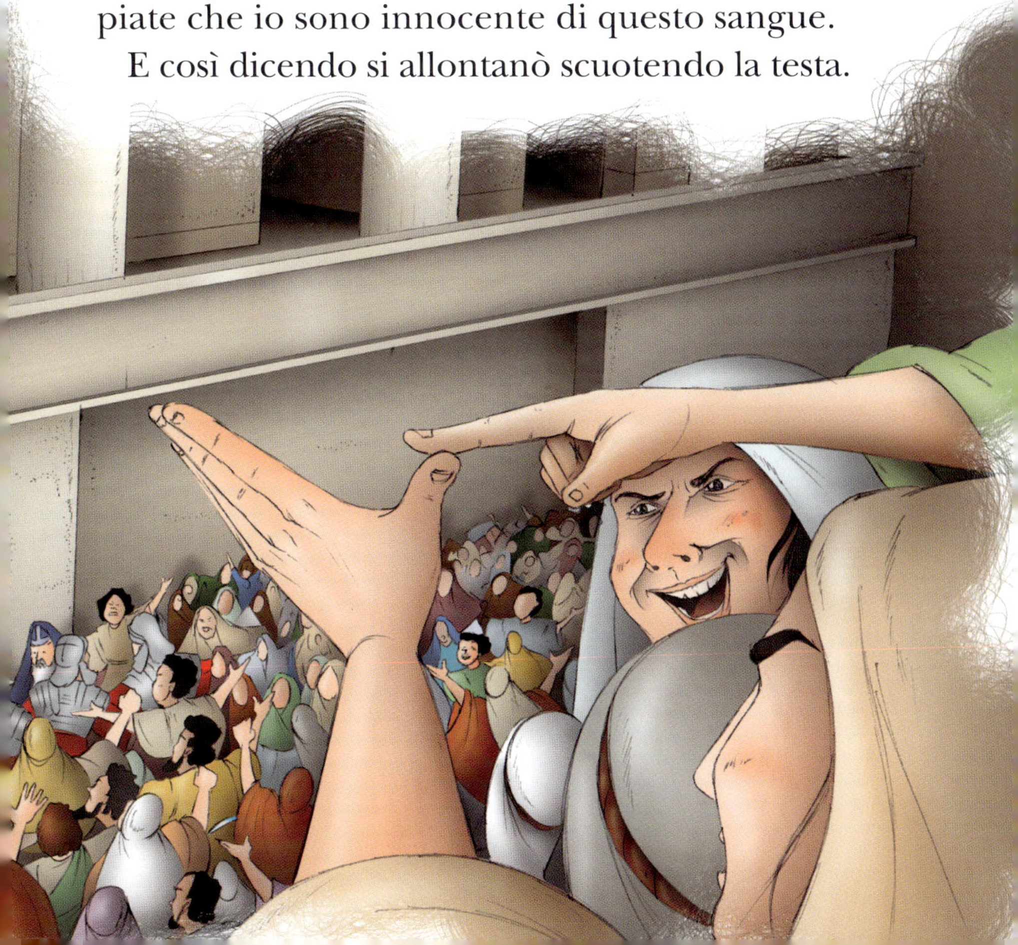

Passione e morte di Gesù

I soldati legarono il figlio di Dio a una colonna, nel cortile e lo frustarono con grosse corde. Egli non si lamentava, non diceva niente. Non piangeva, sopportava tutto.

Poi lo fecero sedere sopra una panca di legno, dicendo: – Eccolo qua il tuo trono! Re degli ebrei!

Un altro soldato gli gettò sulle spalle uno straccio rosso e disse: – Ecco il tuo mantello, Re degli ebrei! – E si inchinò davanti a Gesù mentre gli altri ridevano.

– Proprio un gran re! Ma vi siete dimenticati la corona! – disse un soldato, portando una corona di spine che posò con forza sul capo di Gesù fino a farlo sanguinare.

– E lo scettro? Un vero re deve avere il suo scettro! – disse un altro, mettendo in mano a Gesù una canna lunga e sottile. – Evviva il re degli ebrei! – dicevano, e lo schiaffeggiavano.

– Evviva! – dicevano, e gli sputavano in viso.

Gesù fissava il cielo: sembrava non ascoltare le voci roche dei soldati che lo prendevano in giro. Il suo silenzio li faceva sembrare ancora più crudeli.

Infine i soldati si stancarono di tormentarlo.

– Al Calvario! – gridarono. – È arrivato il momento! Crocifiggiamolo!

La via della croce

Il Calvario era una monticello triste, senza alberi sul quale si eseguivano le condanne a morte.

Sulla via piena di sassi che portava in cima, Gesù s'incamminò portando sulle spalle la croce.

Davanti a Lui c'erano dei soldati romani a cavallo; dietro veniva il popolo.

Gesù era pallidissimo. Traballava sotto il peso della croce. Più volte inciampò e cadde sulle pietre aguzze che gli ferirono le mani e le ginocchia.

Un povero tintore di Cirene ebbe pietà di Gesù che non si reggeva in piedi e lo aiutò a portar la croce fin proprio in cima al Calvario. E

una donna, Veronica, riuscì ad avvicinarsi tanto a Gesù da potergli asciugare il volto bagnato di sangue e di sudore con un bianco panno sul quale restò impressa l'immagine del volto sofferente del Figlio di Dio.

La crocifissione

Lunghi chiodi trafissero mani e piedi di Gesù. E il suo sangue macchiava l'erba e il suolo.

Poi la croce fu alzata, e tutti videro il corpo martoriato di Gesù. Tutti videro il suo volto pallidissimo.

– Avete letto cosa c'è scritto sulla croce? – gridò una voce acuta. Molti s'avvicinarono alla croce per leggere la scritta che i soldati avevano inchiodato al di sopra del capo di Gesù: c'era scritto *Gesù Nazareno Re dei Giudei.*

– Se è vero che sei il figlio di Dio, perché non salvi te stesso? – gridò una voce piena di odio.

– Ora, vogliamo vederti fare uno dei tuoi miracoli! Ecco, scendi dalla croce, se ne sei capace!

Gesù, rivolto al cielo uno sguardo già velato dalla morte, disse:

– Padre, perdona loro perché non sanno quello che si fanno.

INRI

I due delinquenti

Altre due croci erano state poste vicino a quella di Gesù, per due delinquenti condannati a morte. Uno di questi, rivolgendo uno sguardo ancora pieno di cattiveria al Salvatore, gli disse: – Non sei tu il Cristo? Salva dunque te stesso e noi!

Ma l'altro, muovendo a fatica la testa verso Gesù, gli disse con voce di pianto:

– Io credo in te, Signore. Non dimenticarmi quando sarai arrivato nel tuo regno.

E Gesù, con il suo bel sorriso, gli rispose:

– In verità ti dico: oggi stesso sarai con me in Paradiso.

Morte di Gesù

Maria era ai piedi della croce. Si sentiva svenire ma non voleva andar via: non voleva, abbandonare il figlio che stava per morire.

Non gemeva, non piangeva, Maria: solo, si aggrappava con la forza della disperazione a Giovanni, il discepolo più caro a Gesù, mentre altre donne le stavano accanto, soffrendo con lei in silenzio. Gesù sentiva su di sé il doloroso sguardo della Madre. In tanta sofferenza però Gesù guardando quelli che lo avevano amato sorrise e disse piano piano: – Donna, ecco tuo figlio... Giovanni, ecco tua madre.

Lasciò ricadere il capo sul petto. – Ho tanta tanta sete, – mormorò Gesù.

– Avete udito? Il re ha sete –, esclamò un soldato. Inzuppò una spugna nell'aceto e l'avvicinò, sulla cima di una lunga canna, alle labbra del Cristo.

– Tutto, tutto è compiuto! – disse Gesù in un grido. Poi, rivolto un ultimo sguardo al cielo, morì. Un soldato gli trapassò il costato con la sua lancia. Dalla ferita sgorgarono poche gocce di acqua e sangue.

A un tratto il cielo si fece nero nero e la terra cominciò a tremare. Si spensero di colpo le grida e i pianti sul monte Calvario, e la folla scese giù per il ripido sentiero. Terrorizzati, alcuni si battevano il petto con le mani. Altri, poi, dicevano sbigottiti: – Egli era davvero il figlio di Dio! Guardate, guardate il cielo! È l'ira di Dio.

Il terzo giorno resuscitò

Maria Maddalena e alcune pie donne stavano camminando su per il sentiero di montagna.

Sembrava ancora notte, ma le donne avanzavano con passo sicuro: conoscevano per bene quel sentiero. L'avevano percorso due giorni prima insieme con Gesù che andava a morire sul Calvario. E ora Gesù era morto; Gesù dormiva per sempre chiuso in un sepolcro, non lontano dalla sua croce.

Maria Maddalena chiuse gli occhi e sospirò. Le pareva d'essere ancora davanti alla croce, rivedeva il corpo senza vita del Maestro sul bianco lenzuolo profumato nel quale era stato avvolto con cura dagli apostoli; e rivedeva il sepolcro scavato nella roccia.

– Come faremo a spostare la grossa pietra che chiude il sepolcro? – mormorò la giovane donna alle compagne.

Queste si strinsero nelle spalle e non risposero.

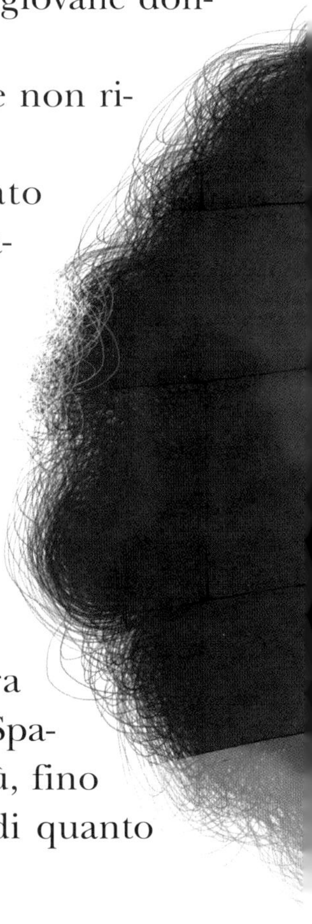

Maria Maddalena aveva portato con sé dei profumi per imbalsamare il corpo del Maestro; ma ora pensava che né lei né le compagne sarebbero mai riuscite togliere la pesantissima pietra del sepolcro. Avrebbero dovuto tornare in città a chiedere l'aiuto degli apostoli. Il sentiero faceva un'ultima svolta: erano giunte. Incredibile! La grossa pietra si era spostata! E il sepolcro era vuoto. Spaventatissime, le donne corsero giù, fino in città per avvertire i discepoli di quanto era accaduto. Pietro e Giovanni arrivarono per i primi e videro il sepolcro vuoto e le bende abbandonate al suolo.

I due discepoli tornarono a casa. Non sapevano cosa pensare anche se in cuor loro sapevano che cosa fosse successo.

Donna, perché piangi?

Maria Maddalena era tornata, sola, a piangere fuori del sepolcro. Ed ecco, due Angeli vestiti di bianco le apparvero e le dissero:

– Perché piangi?

Maria Maddalena piangeva così forte che non aveva neanche tirato su il capo per vedere chi le stesse parlando. Tra i singhiozzi rispose:

– Piango perché hanno preso il mio Signore e non so dove l'abbiano nascosto.

E dicendo così Maria si voltò e vide un uomo accanto al sepolcro.

– Donna, perché piangi? Chi cerchi? – le domandò quell'uomo.

Maria pensava che fosse il contadino del campo lì vicino che le stesse parlando e rispose: – Io cerco il mio Signore. Se l'hai portato via tu, dimmi dove l'hai messo! Ti prego, ti prego!

L'uomo allora con dolcezza infinita disse:

– Maria!

Ella riconobbe subito la voce di Gesù. – Maestro, sei tu! – gridò.

Gesù le disse: – Non mi toccare, perché non sono ancora salito al Padre mio.

Maria Maddalena non lo vide più, e corse con il cuore in tumulto a raccontare quanto aveva visto e udito ai discepoli. I discepoli non volevano crederle. Ma quella sera stessa Gesù apparve sulla via di Emmaus a due discepoli. Non c'era dubbio: Egli era risorto, Egli camminava ancora! Egli era vivo, vivo!

Gesù appare agli apostoli

E poco più tardi Egli apparve agli apostoli riuniti in una sala dalle porte chiuse, e disse:

– La pace sia con voi. Sono io, non abbiate paura! Guardate le mie mani e i miei piedi, guardate! Avete visto le piaghe dei chiodi?

I discepoli non si muovevano. Era una gioia troppo, troppo grande! E troppo, troppo difficile da spiegare! Gesù li guardò con affetto e poi si sedette con loro a tavola. Uno degli apostoli, Tommaso, non c'era quando Gesù era tornato.

– Io credo soltanto a quello che vedo e tocco, – disse, con aria sprezzante, a chi voleva convincerlo che il Maestro era realmente entrato, in carne ed ossa, nella stanza. – Io crederò alle vostre parole solo se potrò mettere il dito nelle piaghe dei chiodi e la mano nel suo costato.

Passarono otto giorni e Tommaso era in quella stessa stanza ben chiusa quando Gesù entrò passando attraverso i muri. – La pace sia con voi! – esclamò il Signore.

E a Tommaso, che lo fissava con gli occhi sbarrati credendo di sognare, Gesù disse: – Metti qui il tuo dito, guarda le mie mani! Accosta la tua mano e mettila nel mio costato!

Tommaso era rosso di vergogna ed esclamò, turbato: – Mio Signore, mio Dio!

– Tu hai creduto perché hai visto: beati coloro che, pur non vedendo, hanno creduto!

Egli venne dal cielo...

– Venite! – disse Gesù agli apostoli. – Il mio tempo con voi è finito. Seguitemi ancora una volta e non abbiate paura!

Erano passati quaranta giorni dalla Pasqua e c'era una primavera bellissima. Nei prati l'erba danzava, mossa da un vento dolcissimo e il cielo era pieno di rondini e di buffe nuvolette bianche.

Gesù camminava davanti tutti: i suoi piedi sfioravano appena il suolo.

– Egli è ancora tra noi: eppure io l'ho visto, l'ho visto morire, – si diceva Giovanni, fissando con affetto il Maestro.

E Tommaso pensava: – Io misi un dito sulla piaga del suo costato. Non c'è dubbio: Egli è ancora tra noi con il suo corpo.

Come avesse letto nel pensiero degli apostoli, Gesù in quell'attimo si volse e disse a voce alta: – Io sarò sempre con voi, in spirito, dovunque andiate... Ma ora devo tornare al Padre mio che è nei cieli!

Stavano camminando tutti su un sentiero ben

noto, fiancheggiato dai vecchi ulivi. Passarono davanti al Getsemani, e le fronde lucide degli alberi si agitavano con gioia nell'orto alla vista di Gesù. Sembrava dicessero:
– Non speravamo di vederlo ancora! Forse Egli si fermerà a pregare, come faceva un tempo, alla nostra ombra. Sì, si fermerà a pregare o almeno a riposarsi un pochino!

Ma Gesù proseguì per il sentiero, fin sulla vetta del monte. Sembrava leggerissimo, come se il corpo non gli pesasse.

L'ascensione

Giunto sulla vetta, sorrise agli apostoli e, alzate le braccia, li benedisse. Sembrava li stesse abbracciando tutti.

Allora la sua figura diventò luminosa e cominciò a staccarsi da terra pian piano e salì nell'azzurro, verso il sole.

Una nuvola candida e soffice nascose Gesù agli occhi abbagliati degli apostoli. Giovanni cercò di salutare.

– Troppo tardi! – disse Tommaso, come se si svegliasse da un sogno. – Egli ora siede alla destra del Padre.

– Questa volta se n'è andato per sempre! – disse Andrea, asciugandosi una lacrima con il dorso della mano.

– E invece Gesù sarà sempre con noi, – disse Pietro. E la sua voce non aveva avuto mai tanta forza. Ripercorrendo lentamente il sentiero verso la città, ciascuno degli apostoli ripensava

a quanto aveva visto e ascoltato. Nessuno aveva voglia di parlare.

Solo Giovanni a un tratto disse, pianissimo, come tra sé: – È giusto così. Egli venne dal Cielo... e al Cielo è ritornato. – E si incamminarono tutti, pieni di una gioia che non riuscivano a spiegarsi in un tramonto di una bellezza tanto commuovente da vincere ogni tristezza.

INDICE

Opera originale di
Maggiorina Castoldi
Testo a cura di
Beatrice Savino

Bergamo (Italia) - Tel. 035.313.128 - Fax 035.314.315
www.edizionilarus.it - www.edizionilarus.com - info@edizionilarus.it

Stampato in EU: Febbraio 2012